Ordonnance de Monsieur Maigrot, Docteur de la Maison & Societé de Sorbonne, Vicaire Apostolique de la Province de Fokien dans la Chine, maintenant Evêque de Conon.

CHARLES MAIGROT Prêtre, Vicaire Apostolique de Fokien, Docteur en Theologie de la Faculté de Paris, de la Maison & Societé de Sorbonne: A tous ceux qui comme nous sont honorez du Sacerdoce dans nôtre Vicariat, Salut en celuy qui est le veritable SALUT de tous les hommes. Depuis que par la grace de Dieu nous sommes entrez dans l'Empire de la Chine, nous avons toûjours été persuadez que le principal soin des Vicaires Apostoliques étoit de s'appliquer à terminer, s'il se pouvoit, les differends qui partagent depuis long-temps sur diverses Questions les Ouvriers Evangeliques, ou du moins de leur donner quelque reglement qu'ils pussent tous également observer, jusqu'à ce que le saint Siege eût rendu sur ces difficultez un jugement définitif: car il ne se peut faire, sans que ces Eglises naissantes en souffrent un tres-grand préjudice, comme nous l'avons remarqué souvent avec une extréme douleur, que les Ministres de l'Evangile ne soient pas d'accord entre eux sur ce qui regarde le culte de Dieu & l'extirpation de l'idolâtrie, ensorte que les uns croyent qu'on ne puisse pratiquer, sans

a

se rendre idolâtre, ce que les autres non seulement permettent aux Chrétiens de faire ; mais à quoy même ils les exhortent. Et ce qui est encore plus surprenant, il se trouve des Ouvriers, qui condamnant comme superstitieux de certains usages, ne laissent pas quelquefois de les souffrir sous pretexte du bien de la paix ; d'où il arrive que le mal jettant peu-à peu de profondes racines, croît de jour en jour, ainsi que nous l'avons reconnu avec amertume par une longue expérience.

La plûpart des Missionnaires de nôtre Vicariat ayant aussi un tres-grand desir de voir cesser cette contrarieté d'opinions, & cette diversité de pratiques, ont eu recours à l'autorité dont nous sommes revêtus, quoique tres indigne ; & ne se contentant pas de nous demander nôtre sentiment, ils nous ont pressé plusieurs fois, pour se délivrer des embarras & des scrupules continuels de leur conscience, de statuer, du moins par provision, quelque chose qui pût leur servir de regle. Mais l'importance de cette affaire ne nous a pas permis de les contenter aussi-tôt qu'ils le desiroient : Car quoique nous nous appliquassions à l'étude & à l'intelligence de ces Questions dés le temps que feu M. l'Evêque d'Heliopolis d'heureuse memoire, Vicaire Apostolique de Fokien, Administrateur general des Missions de la Chine, nous fit son Provicaire & Proadministrateur : cependant depuis que le Saint Siege nous a fait l'honneur de nous choisir pour Vicaire Apostolique, nous avons crû y devoir travailler avec une ardeur & une application toute nouvelle : en quoy nous pouvons assurer avec certitude , que nous n'avons rien ômis volontairement pour connoître à fond la verité , soit par l'examen exact des originaux de la Chine , soit par la lecture de tous les Commentaires que nous avons pû ramasser , composez dans les langues d'Europe , ou enfin par les Conferences solides que nous avons euës avec les plus sçavans hommes ; & ce qui étoit encore plus important & plus necessaire, nous avons demandé à Dieu par des prieres continuelles, & par le Sacrifice perpetuel de la Loy nouvelle , la grace d'éclairer nos tenebres , & de diriger nos pas pour nous faire prendre le parti qui seroit conforme à la verité & agréable à ses yeux.

Puis qu'il est donc reglé par les Constitutions & par les Decrets du Saint Siege , qu'un des devoirs des Vicaires Apostoliques , est de pourvoir dans l'étenduë de leurs Vicariats à ce qui regarde le culte de Dieu & la pureté des mœurs , pour ne pas manquer sur cela à nos obligations , Nous ordonnons à tous les Missionnaires de nôtre Vicariat en general , & à chacun d'eux en particulier , d'observer tous les points suivans , jusqu'à ce qu'il y soit autrement pourvû par le Saint Siege.

Premierement , Nous ordonnons que puisque les termes dont on se sert en Europe pour exprimer le nom de Dieu , lors qu'on les écriroit , ou qu'on les prononceroit en Chinois , auroient toûjours je ne sçay quoy de barbare ; on se servira pour signifier Dieu , du mot Chinois *Tien chû* , qui eft depuis long-temps reçû par l'ufage , & qui veut dire , *Le Seigneur du Ciel* : Enforte que ces deux autres termes Chinois *Tien* , c'eft-à-dire , *le Ciel* , & *Xangty* , *le fouverain Empereur* , foient tout-à-fait rejettez ; & qu'il foit encore moins permis de dire que ce que les Chinois entendent par ces deux mots *Tien* & *Xangty* , foit le Dieu que nous autres Chrétiens adorons.

En fecond lieu , Nous défendons expreffément d'expofer dans aucune Eglife un certain Tableau où font écrits ces mots Chinois *King Tien* , *Cœlum colito* : *Adorez le Ciel* , & nous enjoignons de les ôter dans deux mois de tous les lieux où ils feront expofez , auffi-bien que tous les autres Tableaux & les Vers qui auroient le même fens , & où les termes de *Tien* & *Xangty* feroient employez pour exprimer Dieu : parce que nous fommes perfuadez que ces Tableaux , & fur tout celuy qui contient ces deux mots , *King Tien* , ne peuvent être excufez d'idolâtrie. Mais quand la chofe ne feroit pas auffi certaine qu'elle nous le paroît , le foupçon du danger où fe mettroient les Ouvriers Evangeliques , de placer l'abomination de la défolation dans le lieu faint , nous doit détourner de l'ufage de ces Tableaux , d'autant plus que l'expérience nous apprend que les Miffionnaires de nôtre Vicariat qui n'en fouffrent point dans leurs Eglifes , n'en font pas moins propres que les autres à prêcher l'Evangile , & ne retirent pas moins de fruit de leurs travaux.

Troisiémement, Nous declarons que l'exposition qui a été faite autrefois au Pape Alexandre VII. sur les points controverſez entre les Ouvriers de cette Miſſion, ne dit pas la verité en pluſieurs choſes, & qu'ainſi les Miſſionnaires pour permettre le culte qui eſt en uſage dans la Chine à l'égard de Confucius & des Morts, ne peuvent pas ſe prévaloir des réponſes que le Saint Siege a faites, quoi qu'elles ayent été renduës tres-ſagement & conformément aux circonſtances exprimées dans les doutes propoſez.

En quatriéme lieu, Nous défendons que les Miſſionnaires, pour quelque cauſe & en quelque maniere que ce ſoit, permettent aux Chrétiens de faire la fonction de Sacrificateur, d'exercer aucun miniſtere, ou même de ſe trouver dans les Sacrifices ou Oblations ſolemnelles qu'on a coûtume d'offrir deux fois l'année à Confucius & aux Ancêtres morts, leſquelles nous declarons imbuës de ſuperſtition.

Cinquiémemement, Nous loüons extrémement les Miſſionnaires, qui dans les lieux où ils prêchent l'Evangile ont eu le zele d'abolir l'uſage des Tableaux expoſez dans les maiſons particulieres en l'honneur des Morts, & nous les exhortons à continuer d'en uſer de même à l'avenir Et dans les lieux où il ſeroit trop difficile d'ôter cet uſage, Nous voulons qu'on prenne du moins ce temperament, d'ôter les caracteres *King chu*, & *King Goëy*, & *Ling Goëy*, & de ſe contenter d'écrire dans le Tableau le nom du Mort, & que tout au plus on y ajoûte la lettre *Goëy*. De crainte cependant qu'on ne prenne d'une maniere superstitieuse ce Tableau, que nous ne condamnons pas tout-à-fait, quand il sera mis dans la forme que nous venons de dire, jusqu'à ce que le Saint Siege en ait porté son jugement, Nous ordonnons que dans l'endroit des maisons particulieres où ces Tableaux sont ordinairement exposez, on mette aussi en gros caracteres une declaration qui marque quelle est la créance des Chrétiens sur les Morts, & quelle doit être la pieté des enfans envers ceux qui leur ont donné la vie. Nous avons mis la forme de cette Declaration à la fin de cette présente Ordonnance ; & néanmoins nous ne défendons pas d'en faire quelque autre, pourvû qu'elle ait le même sens, & qu'elle ait été auparavant approuvée de Nous.

En sixiéme lieu, ayant remarqué qu'on publie de vive voix & par écrit de certaines choses qui induisent les simples en erreur, & qui leur ouvrent le chemin à la Superstition, comme par exemple :

Que la Philosophie dont les Chinois font profession, si on l'entend bien, n'a rien de contraire à la Loy Chrétienne.

Que par l'expression *Tay Kie*, les plus sages des Anciens ont voulu définir Dieu, Cause premiere de toutes choses.

Que le culte que Confucius a rendu aux Esprits a été plutôt un culte politique que religieux.

Que le Livre que les Chinois appellent *Ye King* est un abregé ou une Somme d'une excellente doctrine sur la Physique & sur la Morale.

Toutes lefquelles propofitions & autres femblables, nous défen ons expreffément de publier dans tout nôtre Vicariat, comme étant fauffes, téméraires & fcandaleufes.

Septiémement, Nous recommandons aux Miffionnaires de prendre bien garde qu'aucun des Maiftres Chrétiens qui lifent & expliquent les Livres Chinois dans les Ecoles, n'infpirent à ceux qui vont les écouter, l'Atheifme & les diverfes fuperftitions dont ces Livres, tant dans le texte que dans leurs commentaires, font remplis, & de les avertir de refuter les erreurs à mefure qu'ils en rencontreront; prenant de là occafion d'enfeigner avec foin à leurs difciples ce que la Religion Chrétienne nous apprend de Dieu, de la creation & du gouvernement du monde : comme auffi de les faire fouvent reffouvenir de ne rien mêler dans leurs écrits, ainfi qu'il arrive aifément, de ce qui eft tiré des principes de l'Ecole des Lettrez, qui foit contraire à la Loy Chré-tienne.

Il y a encore d'autres Queftions que nous ne touchons pas à prefent, parce qu'ayant pourvû aux points dont nous venons de par-ler, qui font les plus importans, & d'où la plûpart des autres dépendent, il fera plus fa-cile de prefcrire quel parti l'on doit prendre dans ce qui refte, & comment on le doit in-troduire dans l'ufage.

Si quelqu'un des Miffionnaires, fans avoir égard à la prefente Declaration & Ordonnan-ce (ce que nous prions Dieu de ne pas per-mettre) n'oftoit pas de fes Eglifes, ou des maifons dans deux mois les Tableaux & les

Vers dont nous avons fait mention, ou que dans le même espace de temps il ne travaillât pas à mettre en pratique, & à faire passer en coûtume les Regles que nous prescrivons, nous revoquons par ces Presentes les pouvoirs qu'il a reçus de nous ou de quelque autre Vicaire & Provicaire Apostolique que ce puisse être, & nous déclarons dés-à-present qu'ils sont revoquez, aussi-tôt que le temps que nous avons marqué sera expiré.

Nous ne prétendons pas neanmoins par cette Ordonnance blâmer ceux qui ont eû jusqu'icy d'autres sentimens, & qui ont suivi un autre usage que celuy que nous ordonnons de suivre deformais ; car il ne doit pas paroître étrange que dans ces sortes de choses tous les Missionnaires n'ayent pas été de même avis, & que chacun ait embrassé la pratique qui luy paroissoit selon Dieu la plus conforme à la verité.

L'importance est qu'à l'avenir nous réünissions tous nos soins & toute nôtre application à suivre les mêmes sentimens ; afin que n'ayant tous qu'un même esprit & qu'un même langage, nous rendions cette Eglise exempte de toute tache & de toute ride, en sorte qu'elle soit sainte & immaculée, & le Dieu de paix & de charité sera avec nous

DONNE' dans la ville de *Chang Lo* de la Province de Fokien, le ving-sixiéme jour de Mars de l'année 1693. CHARLES MAIGROT, Prestre, Vicaire Apostolique de la Province de Fokien.

QUESTIONS

Propofées dans la facrée Congrégation établie par N. S. P. le Pape Innocent XII. fur chacun des Articles du Mandement précedent.

I. ARTICLE.

Premierement , Nous ordonnons que puifque les termes dont on fe fert en Europe pour exprimer le nom de Dieu , lorfqu'on les écriroit ou qu'on les prononceroit en Chinois , auroient toûjours je ne fçay quoy de barbare ; on fe fervira pour fignifier Dieu, du mot Chinois *Tien-chu* , qui eft depuis long-temps reçû par l'ufage , & qui veut dire , *le Seigneur du Ciel* ; enforte que ces deux autres termes Chinois, *Tien* , c'eft à dire , *le Ciel* , & *Xang-ti* , *le Souverain Empereur* , foient tout à fait rejettez : & qu'il foit encore moins permis de dire que ce que les Chinois entendent par ces deux mots *Tien* , & *Xang ty* foit le Dieu que nous autres Chrétiens adorons.

I. Queftion.

1. On demande fi pour fignifier le Dieu tres-bon & tres-grand on doit exclure les noms qu'on luy donne en Europe.

Car ce terme , *Dieu* , & les autres termes Européans dont nous nous fervons, pour

faïre entendre le souverain Eſtre, ne peuvent
preſque point être exprimez par les caracteres
de la Chine, & il paroît qu'ils ne peuvent
donner aux Chinois nulle idée de la choſe
qu'on veut leur faire connoître.

Réponſe.

A l'égard de la premiere queſtion, le ſentiment de la ſacrée Congregation a été, qu'il
ne falloit pas ſe ſervir des termes ou des
noms d'Europe, pour ſignifier le vrai Dieu.
Car l'uſage qu'on en feroit ſeroit inutile, ſup-
poſé qu'il ſoit trop difficile de les exprimer
en caracteres Chinois, & qu'ils ne faſſent naî-
tre dans l'eſprit de ceux de cette Nation aucune idée de la choſe qu'on voudroit ſignifier.

II. Queſtion.

2. On demande ſi pour ſignifier Dieu, il
faut rejettter les mots de *Tien*, qui veut
dire, *le Ciel*, ou de *Xang-ti*, qui veut dire,
Souverain Empereur.

La raiſon de douter eſt que, quoi qu'il y
ait quelques Miſſionnaires d'Europe, qui
ayent crû & qui croyent encore, que les
anciens Chinois ſe ſont ſervis de ces mots
Tien & *Xang-ti*, pour marquer le Dieu
vivant & veritable ; neanmoins preſque
tous les autres Miſſionnaires aſſûrent que les
Chinois Lettrez, qui forment la principale
ſecte de la Chine, eſtant tombez tous, ou,
ſuivant le ſentiment de quelques-uns, preſque tous dans l'Athéïſme, quand ils expo-

fent & fuivent la Doctrine de leur Secte de
la maniere qu'ils le font , du moins depuis
cinq cens ans , n'entendent autre chofe par les
termes de *Tien* & *Xang-ti* , que le *Ciel materiel* & vifible , ou tout au plus je ne fçay
quelle vertu naturelle du Ciel , qu'ils efti-
ment eftre le principe , ou pluftoft le com-
principe de toutes chofes : D'où il arrive qu'ils
facrifient au Ciel pris en ce fens , de même
qu'ils le font à la Terre , aux Planêtes , aux
Montagnes , aux Fleuves : & on voit dans les
Villes Royales de *Pekin* & de *Nankin* , des
Temples où , dans de certains temps de l'année , fur tout à *Pekin* , l'Empereur luy-même
offre au Ciel un facrifice folemnel.

Réponfe.

Touchant la feconde queftion , la facrée
Congregation a répondu affirmativement.
Car fi dans la principale Secte de la Chine ,
qu'on appelle la Secte des Lettrez , ces termes ne font entendre autre chofe que le Ciel
corporel ou vifible , ou une certaine vertu
qui y eft infufe , quelqu'autre fignification
qu'on puiffe leur donner , les Miffionnaires
doivent abfolument s'en interdire l'ufage ; de
peur de donner occafion à ces peuples de
penfer que le Dieu que les Chreftiens adorent , n'eft autre chofe que le Ciel corporel
ou la vertu qui l'accompagne.

III. Queftion.

3. On demande s'il faut appeller Dieu du

nom de *Tien-chu*, qui veut dire le Seigneur du Ciel.

La raiſon eſt, parce que ce nom de *Tien-chu* eſt reçû de tous les Miſſionnaires de la Chine par un long uſage, pour ſignifier le vray Dieu ; & en cela les Parties paroiſſent convenir.

Réponſe.

Sur la troiſiéme queſtion, la ſacrée Congregation a de même répondu affirmativement : d'autant plus qu'il n'y a point ſur cela de conteſtation entre les Parties.

IV. Queſtion.

4. On demande ſi en faiſant attention à ce qu'on a dit juſqu'icy, il ſeroit permis d'aſſurer que les Chinois par les noms de *Tien* & de *Xang-ti*, entendent le Dieu que les Chreſtiens adorent.

Réponſe.

Par rapport à la quatriéme queſtion, la ſacrée Congregation a répondu qu'elle y avoit ſuffiſamment ſatisfait dans la Réponſe à la ſeconde Queſtion.

II. ARTICLE DU MANDEMENT.

EN ſecond lieu, nous défendons expreſſément d'expoſer dans aucune Egliſe un certain Tableau, où ſont écrits ces mots Chinois

King tien, *cœlum colito* : *Adorez le Ciel* : &
nous enjoignons de les oster dans deux mois
de tous les lieux où ils seront exposez, aussi
bien que tous les autres Tableaux & les Vers
qui auroient le même sens, & où les termes
de *Tien* & *Xang-ti* seroient employez pour
exprimer Dieu : parce que nous sommes persuadez que ces Tableaux, & sur tout celuy
qui contient ces deux mots, *King tien*, ne
peuvent estre excusez d'idolâtrie. Mais quand
la chose ne seroit pas aussi certaine qu'elle
nous le paroist, le soupçon du danger où se
mettroient les Ouvriers Evangeliques de placer l'abomination de la désolation dans le lieu
Saint, nous doit détourner de l'usage de ces
Tableaux : d'autant plus que l'experience
nous apprend que les Missionnaires de nostre
Vicariat qui n'en souffrent point dans leurs
Eglises, n'en sont pas moins propres que les
autres à prêcher l'Evangile, & ne retirent
pas moins de fruit de leurs travaux.

I. & II. Question.

1. On demande si on peut permettre de
mettre dans les Eglises des Chrestiens le Tableau où est écrit, *Xing Tien*, adorez le
Ciel.

La raison de douter est que le mot *Tien* se
prend à present par les Chinois Lettrez pour
le Ciel materiel, ainsi qu'on l'a dit cy-dessus
dans la raison de douter sur la troisiéme Question du premier Article. Et si on répond que
non,

2. On demande si on peut du moins le per-

mettre en y joignant quelque declaration, & qu'elle elle doit estre ?

Réponses.

Touchant la premiere Question : faisant attention à ce qui a esté dit dans la Réponse à la seconde Question du premier Article, la sacrée Congregation a répondu : Qu'il ne falloit point permettre de mettre dans les Eglises des Chrestiens le Tableau dont-il s'agit, ni de le garder dans celles où on l'a déja mis. Car quoy qu'on doive estre fort éloigné de soupçonner que ceux des Ouvriers Evangeliques qui permettent de placer ce Tableau dans les Eglises des Chrestiens, le fassent à autre intention, que pour exprimer par l'inscription qui y est, non le ciel materiel, mais le Createur & le Seigneur du ciel, & par consequent le vrai Dieu ; il faut neanmoins s'abstenir entierement de cette pratique. Car selon la pensée de saint Leon dans le Sermon 7. de la Nativité de N. S. il faut s'abstenir entierement d'une pratique lorsque quelqu'un, qui seroit passé de l'infidelité au Christianisme, & qui la trouveroit parmi les Chrestiens, en prendroit occasion de la retenir comme probable, parce qu'il la verroit commune aux Chrestiens & aux Payens ; quoy qu'en effet elle fust un reste de ses anciennes erreurs.

A l'égard de la seconde : Présupposant l'inscription dont-il s'agit, la sainte Congregation a répondu négativement. Si à la place de l'inscription, *Adorez le Ciel*, on exposoit cette autre, *Adorez le Seigneur du Ciel*, ce feroit alors un nouveau Tableau, & non pas l'explication de l'ancien.

III. ARTICLE DU MANDEMENT.

ON propofera plus bas la Queftion, parce qu'elle dépend de quelques points qu'on doit décider dans le Articles fuivans.

La Queftion eftant renvoyée à un autre endroit, on y renvoye auffi la Réponfe.

IV. ARTICLE DU MANDEMENT.

EN quatriéme lieu, Nous défendons que les Miffionnaires, pour quelque caufe & en quelque maniere que ce foit, permettent aux Chreftiens de faire la fonction de Sacrificateur, d'exercer aucun Miniftere, ou même de fe trouver dans les Sacrifices ou oblations folemnelles qu'on a coûtume d'offrir deux fois l'année à Confucius & aux Anceftres morts, lefquelles nous déclarons imbuës de fuperftition.

I. Queftion.

1. On demande fi les facrifices ou oblations folemnelles, qui fe font deux fois par an en l'honneur de Confucius & des Anceftres, font meflées de fuperftitions, en forte qu'on ne puiffe nullement ny pour aucune raifon, permettre aux Chreftiens d'y faire la princi-

pale fonction, d'y exercer aucun ministere, ou même d'y estre present.

La raison de douter à l'égard de Confucius, est qu'il semble que la Secte des Lettrez, qui dans cet Empire tient le premier rang, honore Confucius non seulement comme un maître, mais encore comme un Saint.

De plus, dans une des Offrandes qu'on luy fait, dont la description est dans le Livre ou Rituel Chinois appellé *Ta Ming Goey Tien*, il y a de certaines Oraisons, ou des Offertoires prescrits, où la vertu de Confucius est comparée au Ciel & à la terre, & sa doctrine preferée à celle des anciens & des Modernes. Bien plus, on y dit que depuis que les hommes ont commencé d'estre, nul autre ne l'a égalé ; & que son esprit surpasse tous les *Xing*, c'est à dire, tous les Saints qui ont esté avant luy. Au reste que le terme *Xing* signifie en cet endroit la sainteté plustost que la sagesse, ou tout ensemble la sagesse & la sainteté : on l'infere de ce qu'entre ceux qui ont precedé Confucius, & qui cy-dessus sont appellez *Xing*, on y comprend au moins quelques-uns dont il est écrit en termes exprés dans les Livres Classiques des Chinois, qu'aprés leur mort ils sont montez au Ciel, où ils ont le pouvoir de favoriser les hommes, & qu'ils ont esté reverez dans l'antiquité, & le sont encore aujourd'huy comme des Saints par les Chinois. Outre cela il est écrit en d'autres endroits des Livres de cet Empire, *Xing Jin Chy Chy ie : Tû Jao Xun Yen Vang Cheu Kung Kung Chu :* c'est à re, que Confucius est à la teste des saints personnages, comme font, par exemple, les plus anciens Empereurs *Iao* & *Xun* Roy, & *Ven Vang* Prince. On conclut aussi que dans cet endroit le mot *Xing* signifie pluftoft la fainteté que la fageffe, de ce que tous ceux qu'on vient de nommer icy avant Confucius, font placez chez les Chinois dés les premiers temps au rang des Saints les plus élevez, & qu'ils ont efté toûjours regardez comme tels par les peuples de la Chine, ainfi qu'il paroift par leurs Livres Claffiques : quoyque dans le fentiment des Chinois Athées, le terme de *Xing* dont il eft parlé dans les Textes alleguez, femble fignifier un homme tres-parfait & tres-fage, ou bien le fouverain degré de perfection où les mortels puiffent arriver à la faveur du Ciel, qui veut dire la nature.

Le même Confucius a dans chaque Ville des édifices qui luy font dédiez, qui ne font pas des Colleges & qui ne paroiffent pas eftre fimplement des falles, mais pluftoft des chapelles : parce qu'en langage Chinois on leur donne le nom de *Miao*, nom qui fignifie un Temple d'Idoles : & ces édifices font appellez en effet par quelques Auteurs, des Temples & des lieux facrez.

Dans ces édifices on voit l'image ou la figure de Confucius, ou du moins un cartouche avec cette infcription : *Le Siege de l'efprit du tres-faint & du tres-fage Confucius premier Maiftre*; ce qui en langue de la Chine s'exprime ainfi, *Chi Xing Sien sù Kung Chu Xing Goey*, fuivant le témoignage du Pere Aleonifla, qui affeure auffi que le mot Chinois *Xing*, ne fignifie pas feulement un Saint, mais encore quelquefois un sage. D'autres traduisent la mesme inscription : *Le Siege de l'Esprit de tres-saint & du surexcellentissime Confucius.*

Les Mandarins ou Gouverneurs, & les Magistrats des Villes, avec le Chefs des Lettrez & les Graduez ou Docteurs dans les Lettres, font dans le même lieu deux fois chaque année vers l'Equinoxe du Printemps & de l'Automne, une Offrande ou Sacrifice solemnel avec plusieurs genuflexions & inclinations, sous la direction d'un Maistre des ceremonies, devant le Tableau de Confucius exposé au dessus d'une Table ou Autel, avec des bougies allumées & des parfums dans des cassolettes. On offre le sang & le poil de l'animal, qui a esté ou qui doit estre immolé, & ensuite on les enterre. On offre aussi des pieces de soye, qu'on brûle aussi-tost aprés dans un feu fait exprés hors du Temple ou édifice, en un vestibule tout proche. De plus on répand du vin par une espece de libation : on immole les chairs des animaux égorgez, c'est à dire, d'un cochon, d'une chévre ou d'un cerf & d'autres semblables : & ces chairs se distribuent à la fin de l'Offrandre ou Sacrifice entre les assistans & ceux qui n'y assistent pas ; qui tous les mangent & en font beaucoup de cas. Mais sur tout dés le commencement on invite l'Esprit de Confucius à se trouver là pour y joüir des choses qu'on luy immole : & lors qu'il y vient, on le reçoit avec de certaines ceremonies, & on luy annonce à luy-même, comme s'il étoit present dans le Tableau, tout ce qui se fait dans le Sacrifice. On choisit les victimes qu'on doit immoler, en repandant dans leurs oreilles du vin chaud ou quelque autre liqueur, pour en faire l'épreuve. L'Offrande commence aprés le premier ou le second chant du coq, & on la termine de tres-grand matin. Aprés qu'elle est achevée on reconduit l'Esprit de Confucius qui s'en retourne, & on employe pour cela des témoignages de reconnoissance, & de certaines paroles, dont la formule est reglée. Enfin, avant que de congedier les assistans, on leur promet, pour avoir bien fait le Sacrifice, beaucoup de bonheur & beaucoup d'avantages, comme on peut voir dans le Rituel *Ta Ming Goei Tien*, au tome ou Traité 91. dans la description que le Pere Alconissa a donnée de l'Offrande qu'on doit faire à Confucius.

Réponse.

La sacrée Congregation a répondu aux six Questions de cet Article : Qu'il ne pouvoit nullement, ni pour quelque cause que ce soit, estre permis aux Chrestiens, de servir en qualité de Ministres, ni d'estre presens aux Sacrifices solemnels ou Oblations qui ont coutume de se faire à Confucius & aux Ancestres dans le temps de chaque Equinoxe de l'année, comme estant imbuës de superstition.

II. Question.

Outre ces deux Oblations solemnelles, il se fait d'autres ceremonies moins considera-

bles dans le même lieu & dans les temps re-
glez à l'honneur du même Confucius, tant
par les Magistrats ou Gouverneurs des villes,
que par tous les autres Lettrez ; & quoyque
Mr Maigrot Vicaire Apostolique n'en ait
pas fait mention en particulier, neanmoins
parce que le Pere Martini de la Compagnie
de Jesus en a exposé quelque chose dans la
consultation qu'il a faite au S. Siege, on met
icy une autre Question pour éclaircir davantage le fait.

2. On demande donc si les Ceremonies,
Rits & Offrandes solemnelles qui se font en
l'honneur du même Confucius, peuvent li-
citement se faire & pratiquer par les Chrestiens dans le lieu cy-dessus marqué

Le sujet de douter, outre ce qu'on vient
de dire dans la précedente raison sur la premiere Question, c'est que deux fois par mois
à la nouvelle & à la pleine lune, le Manda-
rin ou premier Magistrat de chaque Ville,
& les autres Officiers & Lettrez, vont dés le
grand matin avec beaucoup de pompe dans
l'Edifice ou Temple de Confucius ; & devant
son Image ou Tableau, les cierges allumez,
avec de l'encens & autres odeurs, ils font
plusieurs genuflexions & prostrations de tout
le corps en battant la terre de leur front.
C'est encore une coûtume établie, que quelques-uns de temps en temps, sur-tout à la
nouvelle lune, offrent du vin, des legumes,
& des fruits. Les Mandarins ou Gouverneurs
des villes & les Magistrats, avant que de
prendre possession de leurs Charges, ou
aprés l'avoir prise, vont au Temple ou Edi-

fice de Confucius ; là devant fa figure ou fon Tableau , ils font les mêmes chofes que nous avons dit qu'ils pratiquent dans la nouvelle & la pleine Lune , fans offrir neanmoins ny vin , ny fruits , ny legumes.

De plus , lorfque les *Lettrez* dans le College ou Palais où on les examine durant quelques jours , ont pris les Degrez des Lettres , ils vont auffi-toft à l'Edifice ou Temple de Confucius , & dans ce lieu-là devant le même Tableau , les cierges allumez , brûlant de l'encens & des parfums , ils flechiffent plufieurs fois les genoux , & fe profternent tout le corps par terre , felon qu'il fe fait dans les autres Ceremonies ou Oblations moins folemnelles qu'on vient de rapporter. Or ces fortes d'Offrandes ou Ceremonies plus ou moins folemnelles, font tellement établies par les Loix des Empereurs de la Chine , & par l'ufage publique de l'Empire, qu'il n'eft pas permis de s'en difpenfer , fans fe mettre en tres-grand peril de perdre ou le Mandarinat , ou les Degrez , ou les Charges

A l'égard des Anceftres , la raifon de douter , en ce qui regarde les Offrandes folemnelles qu'on propofe dans la premiere queftion , c'eft que les Chinois rendent un culte public & fingulier à leurs parens morts & à leurs Anceftres , au moins jufqu'au quatriéme degré. Ils leur dédient des Edifices , qui paroiffent plutoft des Chapelles & des Temples , que de pures falles , tant par les chofes qu'on y fait , que par le nom qu'ils por-

---

tent de *Miao*, & qui a esté donné par une tres-ancienne institution aux Maisons où l'on honore les Ancestres morts des Empereurs & des autres Grands de l'Etat ; nom dont on se sert communément pour signifier les Temples des idoles, ainsi qu'on l'a déja remarqué cy-dessus, & on doit faire attention qu'il est ordonné par un Rituel tres-ancien appellé *Liki*, que ces Edifices ou Temples, aussibien que les vaisseaux qui servent aux Offrandes ou Sacrifices, & dont il n'est pas permis de se servir à aucun autre usage hors des Temples, soient consacrez par le sang des animaux, comme par une espece de dedicace. Et pour les vestemens qui estoient & qui sont encore en usage pour les Grands, & particulierement pour les Empereurs, il est porté par le même Rituel *Liki*, qu'ils doivent estre faits avec une ceremonie speciale, & brûlez lorsqu'ils sont usez, de peur qu'on ne s'en serve à quelque usage prophane.

Et quoique les Edifices des auttes Ancêtres morts ne s'appellent pas *Miao*, mais *Chu Tang*, ces deux noms paroissent avoir en effet la même signification, & ces Edifices sont destinez à rendre un culte tout pareil aux Esprits des Morts, parce qu'on trouve également, tant dans ceux qu'on nomme *Chung Miao*, que dans les autres qu'on appelle *Chu Tang*, les Images ou statuës des Ancestres les plus considerables ; ou du moins on garde par tout communément des Tableaux des Ancestres sur une Table ou Autel avec cette inscription, *Le siege de l'Esprit de N. Ancestre mort.*

Il paroiſt que ces Tableaux ſe font du moins dans le temps preſent, afin que non ſeulement ils tiennent la place des Eſprits ou des Morts ; mais auſſi que ces mêmes Eſprits ou Ames des défunts s'y repoſent en quelque maniere, parce que dans le temps qu'on enſevelit les parens morts, & qu'on commence à ſe ſervir de ces Tableaux, au lieu même de la ſepulture, comme il eſt conſtant par le Rituel Chinois *Kiali*, on va devant ces mêmes Tableaux inviter à genoux en termes exprés, les Eſprits ou Ames des Morts, à venir s'y repoſer , & à retourner dans leur maiſon ; aprés quoy on porte ſolemnellement ces Tableaux à la maiſon, & on les place dans le temps marqué avec pareille ſolemnité , dans les Edifices dont on a cy-devant parlé. Il eſt encore dit dans ce Rituel , que quand il faut changer ou ajoûter quelques lettres dans ces Tableaux, ce qui ſe fait quand on en introduit de nouveaux dans ces Edifices , ou que l'on fait paſſer les anciens & les premiers à un rang ſuperieur , ſuivant l'ordre de conſanguinité; ou lorſque l'Empereur, ſuivant la coûtume du Royaume , donne à quelques Anceſtres morts quelque nouvelle dignité , ou quelque nouveau titre d'honneur qui doit eſtre marqué ſur les Tableaux, on les doit moüiller avec de l'eau , afin qu'on en puiſſe effacer ce qu'on veut, & qu'eſtant ainſi effacez, on jette cette eau , qui a ſervi à laver le Tableau , ſur la muraille de l'Edifice ou du Temple ; ceremonie qui paroiſt marquer un tres-grand reſpect de ces Chinois envers ces

Tableaux. De plus le même Rituel ajoûte, qu'aprés le quatriéme degré de consanguinité, quand il n'eſt plus permis de garder davantage dans les Edifices ou Temples ces Tableaux, il faut les enterrer, les uns dans la propre ſepulture des Anceſtres, les autres dans la partie anterieure de l'Edifice, ou prés de la porte. Anciennement on avoit coûtume de les tranſporter des Edifices appellez *Chung Miao* dans d'autres, où on les cachoit & conſervoit, & dans le Rituel *Kiali,* il eſt marqué que l'Empereur & les grands Seigneurs en uſent ainſi: On invite les Eſprits ou Ames des Anceſtres, principalement dans le temps des Oblations ſolemnelles, à deſcendre ſur ces mêmes Tableaux, ou endroits, ſieges, & tables ſur leſquelles ces Tableaux (ſi on doit les expoſer) aprés avoir eſté tirez avec grand reſpect de leurs Tabernacles, ont eſté placez On invite auſſi ces mêmes Eſprits à demeurer ſur ces Tableaux ou à ces endroits, lieux, ſieges & tables; ce qui ſe fait même par des paroles expreſſes, comme il eſt conſtant par la formule écrite dans le Rituel *Kiali,* où il eſt parlé des Offrandes qu'on doit faire aux premiers Ancêtres des Familles, qu'on appelle *Xy Chu,* & *Sien Chu,* qui ſont déja audeſſus du quatriéme ayeul en montant vers l'origine; & cette formule doit eſtre recitée à genoux au milieu de l'Edifice ou Temple, par le principal miniſtre de l'Offrande, devant un vaſe qui eſt poſé là, & rempli de charbons allumez; aprés quoy l'on jette ou l'on répand ſur ces charbons avec une ceremonie

parti-

particuliere, la graiſſe de l'animal ou de la victime afin que la vapeur s'en éleve, & toûjours au moins avec la ceremonie de l'effuſion du vin ſur une botte de paille ; ceremonie qui s'appelle *Kiang Xin* dans le même Rituel ; c'eſt-à-dire *la deſcente des eſprits*, & qui ordinairement doit ſe faire avec une grande reverence & ſolemnité au milieu du Temple ou Edifice, devant une Table ou Autel où on brûle des odeurs, qui pour cette raiſon ſe nomme *Hiang Cho* ; c'eſt-à-dire, *Table des parfums* : c'eſt-là que l'on fait enſuite une autre ſemblable ceremonie, de répandre du vin, qui eſt appellée *Chi*, ce qui ſignifie une Offrande faite à la place ou ſiege des eſprits (& qu'on dit qui s'adreſſe aux anciens Inſtituteurs & Inventeurs de la maniere de faire le vin.)

De plus, on invite les Anceſtres ou leurs eſprits à venir joüir, s'il leur plaît, des choſes offertes, ſelon qu'il eſt preſcrit dans le même Rituel. Il eſt fait pluſieurs fois mention dans les anciens livres & dans les autres Rituels Chinois de cette deſcente ou venuë des eſprits des Anceſtres morts, ou de la maniere dont ils joüiſſent des Offrandes, & dont ils les acceptent & agréent : d'où il arrive que pluſieurs Chinois penſent ou même croyent que ces eſprits des Anceſtres eſtant invitez par les mêmes ceremonies y viennent en effet. Cependant il y en a beaucoup, qui comme on le peut recüeillir dès Livres & des Rituels Chinois, paroiſſent reduire tout cela à une preſence imaginaire ou douteuſe, plûtoſt qu'à une preſence réelle, à une venuë effective, & une joüiſſance veritable des eſprits. Mais Confucius dans le Livre *Lun Jeu*, dit ces paroles : *Chy Ju Chay : Chy Xin Ju Xin, Chay.* (C'eſt-à-dire, il faut offrir ou ſacrifier comme ſi ceux à qui l'on offre étoient preſens) Dans de certains temps de l'année on fait des Offrandes ou *Sacrifices* ſolemnels aux eſprits dans les mêmes lieux ou Temples des Anceſtres morts, & il n'y a que les hommes & les femmes de chaque famille dont on honore les Anceſtres qui s'y trouvent ; & les aînez de ces mêmes familles ſont obligez par la Loy d'exercer les premieres fonctions dans ces Offrandes ; ce ſont ces aînez qui égorgent de leurs propres mains les animaux deſtinez à l'immolation, dans les lieux & avec les ceremonies que les Rituels ordonnent differemment ſelon la diverſe qualité des perſonnes, & tout s'y paſſe à peu prés (en changeant neanmoins ce qui doit eſtre changé) ſelon les mêmes Rits, qu'on a déja décrits dans les Oblations ſolemnelles qui ſe font à Confucius. Dans les Temples ou Edifices appellez *Chu Tang*, on n'offre point ſuivant le Rituel *Kiali*, de pieces de ſoye, & dans ce Rituel il n'eſt fait nulle mention de la monnoye de papier qu'on brûle à preſent dans toutes les Oblations que les Gentils ont coûtume de faire aux Anceſtres morts, parce que cette ceremonie n'appartient pas proprement à la ſecte des Lettrez, & à la fin de cette Offrande il n'eſt pas preſcrit d'uſer de la formule dont on ſe ſert dans les precedentes pour reconduire les eſprits quand ils ſe retirent : mais ſeulement ils rapportent à cela quelques

inclinations & proſtrations qu'on doit faire,
& qui eſtant faites, les Tableaux, ſi on les a
repreſentez & expoſez, ſont reportez dans leur
place, & remis dans les Tabernacles ; le
Maiſtre des ceremonies, comme on l'apprend
du Rituel *Kiali*, promet pluſieurs avantages
aux principaux Miniſtres, & confuſément à
tous les aſſiſtans, au nom & comme par le me-
rite des Anceſtres. Et avant que de faire quel-
ques-unes de ces Oblations ſolemnelles, on
tire au ſort le jour, avec une ceremonie particuliere, à la porte de l'Edifice ou Temple
Chu Tang, & pareillement avec une autre
ceremonie ſpeciale qui ſe fait dans ce même
Edifice ou Temple, on donne avis de cet
heureux choix aux Anceſtres morts, ou à
leurs eſprits, comme on le peut voir dans le
même Rituel, où on lit encore, que toutes
les Offrandes nommées *Chi*, conſiſtent uni-
quement ou principalement dans la plenitude
d'un amour & d'un reſpect ſolide & parfait ;
& c'eſt pour cela que les pauvres doivent les
faire ſelon leur pauvreté, & les malades ſuivant leurs forces ; au lieu que ceux qui ont
de grands biens & beaucoup de ſanté, doivent s'en acquitter exactement en gardant
toutes les ceremonies preſcrites.

Pour ce qui eſt des prieres, quoique ſuivant une ceremonie très-ancienne, le Livre
ou Rituel *Liki* n'ordonne d'en faire dans les
Chung Miao, c'eſt-à-dire, dans les Temples des Anceſtres défunts, qu'à certains
temps & pour les neceſſitez publiques de l'Empire, & non pas pour les neceſſitez ou les
beſoins des particuliers, non plus que pour

leur obtenir des avantages ; puiſqu'au contraire par cette même ceremonie tres-ancienne, il paroiſt que cela eſt défendu dans les
Oblations mêmes ſolemnelles qu'on doit faire ordinairement ; neanmoins on rapporte
que les Chinois, ſur-tout à preſent, font
auſſi quelquefois des prieres à ces mêmes Anceſtres défunts, pour leur demander des
proſperitez particulieres, & ces prieres ſont
approuvées par un autre Rituel Chinois, di-
viſé en quatre tomes, qu'on nomme auſſi
Kiali, dont les Gentils ſe ſervent communément dans la Chine ; quoyque ce ne ſoit pas
par autorité publique, mais plutoſt par une
permiſſion tacite, que des Docteurs particuliers ont inſeré ces prieres dans ce Rituel &
ailleurs. Au reſte, ils croyent & ils eſperent
ordinairement qu'ils ſeront heureux & for-
tunez, à proportion de la pieté & de l'exac-
titude qu'ils auront apportées, à s'acquitter
des devoirs accoûtumez envers les défunts.
On voit encore par un Rituel claſſique, qu'il
y a un ordre de l'Empereur à tous les Gouverneurs des villes de l'Empire, de s'appliquer avec tout le ſoin poſſible à nourrir les
animaux deſtinez aux Sacrifices qui doivent
eſtre offerts à *Xamti*, à tous les eſprits, même à ceux des défunts, dans les Temples &
les lieux qui ſont dédiez aux uns & aux
autres, & qu'il eſt auſſi ordonné à ces Gouverneurs de porter les peuples à faire la même
choſe, parce que les Oblations dans leſquelles
ces animaux doivent eſtre offerts, ſont pour
demander des proſperitez en faveur de ces
mêmes peuples. On rapporte encore pluſieurs

autres chofes des Rituels claffiques, d'où il femble qu'on peut conclure, que les Chinois ont enfeigné & ont crû il y a long-temps, ou du moins ont feint que non feulement le *Xamti*, & les autres efprits, fçavoir ceux des montagnes, des rivieres, &c. mais même les efprits des défunts, accordoient plufieurs avantages en confideration de ces Offrandes qu'on avoit bien faites.

Quant à ceux qui font profeffion de l'Atheïfme & qui le fuivent, quoi qu'ils nient l'exiftence de ces efprits, cependant ils font entendre que la difpofition des ceremonies prefcrites aux Miniftres pour facrifier ou pour offrir, excite par un certain mouvement fympatique, remuë & attire en quelque maniere l'air le plus fubtil du ciel, dans lequel ils affeurent que les efprits des défunts fe refolvent, d'où ils enfeignent qu'il s'écoule des influences favorables fur ceux qui offrent & qui affiftent ; ce qu'on infere encore de ce qui fe trouve dans les Extraits d'un Livre intitulé ; *Confucius, Philofophe des Chinois*, imprimez de nouveau par les Peres de la Societé, & prefentez dans un petit Livre à la Sacrée Congregation. Enfin ces Athées auffibien que tous les Anciens, comprennent fous le nom de *Kuei Xin* tous les efprits, mêmes ceux des défunts, lorfqu'ils veulent les défigner & les nommer en commun, & ils rapportent de ces *Kuei Xin* plufieurs belles

---

88. & 89. qui loquitur de Tunkino.

De Marin. lib. 1. cap. 14. folio 155. qui pariter loquitur de Tunkino.

chofes en general , par où ils portent les peuples à les craindre & à les honorer.

Réponfe.

La facrée Congregation a répondu fembla-
blement qu'il ne faut point permettre que dans
les Edifices de Confucius , qu'on dit qui s'appellent d'un nom dont on fe fert chez les
Chinois pour fignifier le Temple des Idoles ,
s'exercent ou fe faffent par les Chrétiens les
ceremonies , les cultes & les Oblations qu'on
dit qui fe font dans les temps de la nouvelle
& de la pleine lune de chaque mois en l'honneur du même Confucius par les Mandarins
ou premiers Magiftrats & autres Officiers &
Lettrez ; comme auffi par les mêmes Mandarins ou Gouverneurs & Magiftrats avant que
de prendre poffeffion de leur dignité , ou du
moins aprés en avoir pris poffeffion : & enfin
par les Lettrez , qui étant reçûs aux Degrez,
fe tranfportent fur le champ dans le Temple
ou Edifice de Confucius.

III. Queftion.

Outre ces Oblations folemnelles qui fe font
en l'honneur des Anceftres défunts , il y en a
encore d'autres moins folemnelles , d'autres
rits & ceremonies qu'on a coûtume de faire
dans les mêmes Edifices ou Temples en l'honneur des mêmes défunts , dans divers temps
de l'année , particulierement le premier jour
de l'année Chinoife , aux folftices , & chaque mois dans la nouvelle & dans la pleine

lune. Et quoyque M. Maigrot Vicaire Apoſtolique n'en ait point fait de mention ſpeciale, cependant il paroiſt à propos d'en faire
icy une Queſtion particuliere, & cela pour
la raiſon qu'on a rapportée cy-deſſus dans
l'endroit où on traite des Oblations moins ſolemnelles qu'on a coûtume de faire à Confucius.

C'eſt pourquoy, on demande s'il eſt permis aux Chreſtiens de faire dans ces Edifices
ou Temples ces Oblations moins ſolemnelles, d'y ſervir en qualité de Miniſtres, ou en
quelqu'autre maniere que ce ſoit, & d'y faire
les autres cultes & ceremonies.

La raiſon de douter, outre ce qui a déja
eſté dit ſur la precedente demande par raport
aux mêmes défunts, c'eſt que dans les temps
marquez cy-deſſus, les perſonnes de chaque
famille de l'un & de l'autre ſexe, qui par
leur Office ſont obligées à ces ceremonies
conformément à ce qui eſt preſcrit par les
Rituels Chinois, & principalement par le
Rituel *Kiali*, ſe reveſtent dés le grand matin
de beaux habits & tels qu'on les doit avoir
pour lors, & vont chacun aux Edifices dediez à leurs Anceſtres, qu'on a eu ſoin d'or-
ner dés la veille, ſelon la coûtume. Là les
Chinois aprés avoir lavé leurs mains ſe proſ-
ternent devant les Tableaux de ces mêmes
Anceſtres, avec diverſes inclinations & genuflexions. Ces Tableaux ayant eſté tirez de
leurs Tabernacles par des Miniſtres marquez,
& eſtant placez ſur une Table ou Autel, les
cierges allumez, on brûle des odeurs & de
l'encens, on répand du vin par une eſpece de

libation , & on l'épanche fur une botte de paille ; (cette ceremonie marque la defcente des efprits) on offre & on fert devant chacun de ces Tableaux differentes fortes de fruits, & la boiffon nommée *Cha* : & enfin , avec d'autres genuflexions & inclinations , on dit en quelque façon adieu aux efprits qui fe retirent.

Dans la pleine lune , felon ce qui eft dans le Rituel *Kialy* , on ne tire point les Tableaux de leurs Tabernacles , on ne fert point de vin , mais on fert du fruit & la boiffon *Cha*. Le refte fe fait comme dans la nouvelle lune.

Réponfe.

La facrée Congregation répond de même qu'il ne faut point permettre aux Chreftiens de faire les oblations moins folemnelles à leurs Anceftres , dans les Temples ou Edifices des Anceftres mêmes , ni d'y fervir en qualité de Miniftres , ou de quelqu'autre maniere que ce foit , ni d'y faire d'autres cultes & ceremonies.

IV. Queftion.

Outre cela , prefque tous les jours & en certains cas , ceux que cela regarde font differentes inclinations & proftrations , allument des cierges , & brûlent des odeurs devant ces Tableaux.

Enfin , ceux qui ne font pas affez riches pour avoir des Edifices ou Temples dediez aux Anceftres morts , offrent ou fervent , mais avec moins de folemnité , dans les maifons particulieres & aux temps de l'année cy-deſſus marquez, de la chair, du vin, la boiſſon *Cha*, des fruits & autres choſes ſemblables, devant les Tableaux de ces défunts, aprés y avoir allumé des cierges, brûlent de l'encens & des odeurs, & font auſſi des genuflexions ou des inclinations. Car les Chinois ont communément dans leurs maiſons un certain lieu qui eſt comme l'appartement des Dieux domeſtiques; c'eſt là qu'ils gardent les Tableaux de leurs Anceſtres avec l'inſcription accoûtumée, il les ſaluënt ſouvent chaque jour; & comme on l'a déja dit, ils font en certain temps, devant eux les ceremonies & les rits qu'on a rapportez.

Les Chinois vont auſſi une fois l'année viſiter les tombeaux de leurs Anceſtres, qui ſont hors de la ville ſur les montagnes ou ſur les lieux les plus élevez. Là ils font une Offrande, c'eſt à dire, qu'ils ſervent de la chair, du vin, des fruits, de la boiſſon *Cha*, & autres choſes ſemblables, avec les genuflexions & les inclinations accoûtumées. Quelquefois ils font toutes ces choſes d'une maniere plus ſolemnelle conformément aux rits & ceremonies, ſelon leurs forces, faiſant auſſi la ceremonie de répandre du vin, qui eſt appellée comme cy-deſſus *Kian Xing*; ils arrachent les plantes & les autres herbes qui naiſſent autour des ſepulchres, ils les nettoyent, ils pleurent, & aprés avoir ceſſé de pleurer ils mangent ce qu'ils ont offert.

Les Chinois ont encore coûtume de faire d'autres Oblations plus ou moins ſolemnelles à leurs Anceſtres défunts , principalement depuis le jour de leur deceds juſqu'au temps de leur ſepulture. Ces Oblations ſont ſemblables aux autres dont on a déja parlé , excepté qu'ils ne les font point dans un Temple ou Édifice dedié , & qu'ils ne s'y ſervent point de veſtemens magnifiques , parce qu'alors ils ſont en habit de deuil. Et pour cela.

4. On demande s'il eſt permis aux Chreſtiens de faire devant ces Tableaux des Anceſtres , ces Oblations , rits & ceremonies qu'on a coûtume de faire en leur honneur dans les maiſons particulieres ou à leurs tombeaux ou avant leur ſepulture ; & s'ils peuvent les faire , y ſervir en qualité de Miniſtres , ou y aſſiſter avec les Gentils , ou ſéparément.

Réponſe.

La ſacrée Congregation répond qu'il ne faut point non plus permettre aux Chreſtiens de faire les mêmes oblations , cultes & ceremonies , comme elles ont eſté rapportées dans les Queſtions , en préſence des Tableaux des Anceſtres , dans les maiſons particulieres, ni à leurs tombeaux , ni avant que d'enterrer les défunts ; de la maniere qu'on a coûtume de les faire en leur honneur , ſoit avec les Gentils , ſoit ſéparément , ni d'y ſervir en qualité de Miniſtres , ni d'y aſſiſter.

V. Queſtion.

5. On demande s'il eſt permis aux Chreſtiens de faire toutes ces Oblations , ſoit les

plus solemnelles, soit les moins solemnelles, aussi-bien que les autres rits & ceremonies, tant dans les Edifices ou Temples des défunts, que dans les maisons particulieres & aux tombeaux, comme elles ont esté rapportées cy-dessus, & s'ils peuvent les faire, y assister avec les Gentils, ou y servir en qualité de Ministres, au moins aprés avoir protesté publiquement ou en secret, qu'ils ne font point toutes ces choses pour rendre à leurs Ancestres un culte religieux, mais seulement un culte civil & politique, & qu'ils ne leur demandent rien, ni n'esperent rien d'eux.

Réponse.

La sacrée Congregation répond bien plus, qu'il ne faut point permettre aux Chrestiens toutes ces choses, comme estant inséparables de la superstition, selon ce qui a esté proposé dans les Questions, quand même ils feroient auparavant une protestation publique ou secrete de faire toutes ces choses envers les défunts, non par un culte religieux, mais seulement par un culte civil & politique, sans leur rien demander, ni en rien esperer.

VI. Question.

6. On demande s'il est permis, ou si on peut permettre aux Chrestiens de faire séparément des Gentils, ou avec eux toutes ces Oblations chacune dans les lieux qui lu; conviennent, ou au moins dans leur maison ou aux tombeaux des défunts, de faire aussi les

autres rits & ceremonies aprés en avoir ofté tout ce qu'il pourroit y avoir de fuperftitieux ou qui auroit quelque apparence de fuperftition, c'eft-à-dire, offrant feulement les chofes qu'on offre ordinairement aux vivans felon l'ufage du Royaume, & avec les ceremonies & les rits, qu'on a coûtume de faire ou d'employer à l'égard des vivans. Et fi cela eft au moins permis aprés la proteftation dont on vient de parler.

La raifon eft, parce que fi on ne permet au moins ces chofes aux Chreftiens Chinois, il eft fort à craindre que ceux qui font déja Chreftiens ne renoncent tout-à-fait à la Religion Chreftienne, & que ceux qui ne l'ont point encore reçûë ne foient entierement détournez de l'embraffer à l'avenir ; que même on ne s'éleve contre les Chreftiens comme contre des gens qui abandonnent & qui détruifent les ceremonies établies dans le païs pour honorer les Anceftres défunts ; qu'on ne les menace, & ne les perfecute eux & les Miffionnaires, & qn'on ne les chaffe tout-à-fait du Royaume.

C'eft ainfi que le témoigne, quant au fait, le Pere Jean-François de Nicolais Aleoniffa, Vicaire Apoftolique de *Hu Quang*, Evêque de Berite, qui a les Rituels ou les Textes qu'on a citez, & qui les a montrez & interpretez.

Reponse.

Par ces Réponfes, on ne prétend pas condamner la préfence ou l'affiftance purement materielle felon laquelle il arrive quelquefois aux Chrestiens de se trouver avec les Gentils lors qu'ils font des choses superstitieuses ; pourvû qu'il n'y ait de la part des Fideles aucune approbation ni expresse ni tacite de ce qui se passe , & que leur ministere en soit entierement exclus ; lorsqu'on ne peut autrement éviter les haines & les inimitiez ; ayant fait neanmoins une protestation de foy , & hors de tout peril de subversion.

On ne prétend pas non plus , par les mêmes Réponses , empêcher qu'on ne puisse faire , à l'égard des défunts , les autres choses , s'il y en a , selon la coûtume de ces peuples , qui ne soient pas veritablement superstitieuses , ni qui n'ayent pas l'apparence de superstition , mais qui soient renfermées dans les bornes de ceremonies civiles & politiques. Or pour sçavoir quelles sont ces choses , & avec quelles précautions elles peuvent estre tolerées , on doit s'en rapporter au jugement de M. le Patriarche d'Antioche, Commissaire & Visiteur General dans l'Empire de la Chine , & à celuy des Evéques & des Vicaires Apostoliques de ce pays-là ; qui cependant seront obligez d'apporter tout le soin & toute l'attention possible à introduire peu-à-peu parmi les Chrestiens, & pour les Chrestiens , les usages & les ceremonies que l'Eglise Catholique a prescrites pieusement pour les défunts , en ostant tout-à-fait les ceremonies des Gentils.

V. Article du Mandement.

Cinquiémement, Nous loüons extrêmement les Missionnaires, qui dans les lieux où ils prêchent l'Evangile ont eu le zele d'abolir l'usage des Tableaux exposez dans les maisons particulieres en l'honneur des Morts, & nous les exhortons à continuer d'en user de même à l'avenir. Et dans les lieux où il seroit trop difficile d'oster cet usage, Nous voulons qu'on prenne du moins ce temperament, d'oster les caracteres *King chu*, & *King Goëy*, & *Ling Goëy*, & de se contenter d'écrire dans le Tableau le nom du Mort, & que tout au plus on y ajoûte la lettre *Goëy*. De crainte cependant qu'on ne prenne d'une maniere superstitieuse ce Tableau que nous ne condamnons pas tout-à-fait, quand il sera mis dans la forme que nous venons de dire, jusqu'à ce que le Saint Siege en ait porté son jugement, Nous ordonnons que dans l'endroit des maisons particulieres où ces Tableaux sont ordinairement exposez, on mette aussi en gros caracteres une declaration qui marque quelle est la créance des Chrestiens sur les Morts, & quelle doit estre la pieté des enfans envers ceux qui leur ont donné la vie. Nous avons mis la forme de cette declaration à la fin de cette présente Ordonnance ; & neanmoins nous ne défendons pas d'en faire quelqu'autre pourvû qu'elle ait le même sens, & qu'elle ait esté auparavant approuvée de Nous.

I. Queſtion.

On demande ſi on peut permettre aux Chreſtiens de retenir dans leurs maiſons particulieres ces Tableaux des Anceſtres avec l'inſcription *Xin Chu Xin Goei* , *Ling Goei* , c'eſt-à-dire . *Le trône ou le ſiege de l'eſprit ou de l'ame de N. défun* . Et ſi on répond que non ,

I I. Queſtion.

2. On demande ſi au moins cela ne ſe pourroit pas aprés qu'on auroit effacé cette inſcription , & n'écrivant que le nom du défunt , ou tout au plus la lettre *Goei* qui ſignifie *le ſiege* ou *le trône*. Et ſi on répond que non ,

III. Queſtion.

3. On demande ſi au moins on ne le peut pas faire avec une declaration où l'on explique quelle eſt la foy des Chreſtiens touchant les Morts , & quelle doit eſtre la pieté des enfans & des deſcendans envers leurs Anceſtres.

Reponſe aux trois Queſtions précedentes.

Aux trois Queſtions de cet Article la ſacrée Congregation a répondu : Qu'on ne pouvoit permettre aux Chreſtiens de garder dans leurs maiſons particulieres les Tableaux des Anceſtres avec l'inſcription qui ſignifie que c'eſt le *Trône* ou le *Siege de l'Eſprit* ou de l'*Ame* d'un tel défunt , & conſéquemment que l'eſprit ou l'ame de ce défunt vient quelquefois s'y arrester & s'y repoſer ; ny même avec cette autre inſcription qui marque le *Siege* ou le *Trône* & qui pour eſtre plus abregée ne paroiſt neanmoins ſignifier que la même choſe.

Quant aux Tableaux, où le nom du défunt ſeul ſeroit écrit, on peut en tolerer l'uſage, pourvû qu'il n'y ait point de ſcandale ; c'eſt-à-dire, pourvû que ceux qui ne ſont pas Chreſtiens ne puiſſent pas croire que les Chreſtiens gardent ces Tableaux par le même eſprit & avec la même intention qu'eux ; & ajoûtant de plus une declaration à côté qui faſſe entendre qu'elle eſt la foy des Chreſtiens à l'égard des morts, & qu'elle doit être la pieté des enfans & des deſcendans envers leurs Anceſtres.

Queſtion ſur le troiſiéme Article du Mandement.

On demande ici ce qu'on doit déterminer touchant le III Article qu'on a omis cy-deſſus, & dont voicy la teneur : „ Nous dé- „ clarons que l'expoſition qui a eſté faite „ autrefois au Pape Alexandre VII. ſur les „ points controverſez entre les Ouvriers de „ cette Miſſion, ne dit pas la verité en plu- „ ſieurs choſes, & qu'ainſi les Miſſionnai- „ res, pour permettre le culte qui eſt en „ uſage dans la Chine à l'égard de Confucius „ & des Morts, ne peuvent pas ſe prévaloir „ des réponſes que le Saint Siege a faites, „ quoiqu'elles ayent eſté renduës tres-ſage- „ ment, & conformément aux circonſtanſes exprimées dans les doutes propoſez, ɯ

Réponſe.

Sur la Queſtion du troiſiéme Article, renvoyée en cet endroit, la ſacrée Congregation
a jugé à propos de ne rien répondre, de crainte que le Saint Siege ne fût obligé de s'éloi-
gner de l'ancien uſage qu'il a gardé juſqu'à
préſént dans ces ſortes de controverſes de la
Chine ; ſelon lequel uſage il a coûtume de
donner toûjours des réponſes conformes à la
verité, quoique diverſement, en differents
temps, ſuivant la differente maniere dont les
choſes lui ſont expoſées, mais jamais de
prononcer ſur la verité ou la fauſſeté des expoſez qui luy ſont faits.

Queſtion ſur le ſixiéme Article du Mandement.

On demande ce qu'il faut déterminer ſur
le VI. Article du même Edit de Mr Maigrot,
dont voiey la teneur :

Ayant remarqué qu'on publie de vive «
voix & par écrit de certaines choſes qui in- «
duiſent les ſimples en erreur, & qui leur ou- «
vrent le chemin à la ſuperſtition, comme «
par exemple : Que la Philoſophie des «
Chinois, ſi on l'entend bien, n'a rien de «
contraire à la Loy Chreſtienne ; «

Que par l'expreſſion *Tay-Kié* les plus «
ſages des anciens ont voulu définir Dieu, «
Cauſe premiere de toutes choſes. «

Que le culte que Confucius a rendu aux «

» efprits a efté plûtoft un culte politique que
» religieux.

» Que le Livre que les Chinois appellent
» *Je-King*, eft un abregé ou une Somme
» d'une excellente doctrine fur la Phyfique
» & fur la Morale.

» Toutes lefquelles propofitions & autres
» femblables nous défendons de publier dans
» noftre Vicariat, comme étant fauffes, té-
» méraires & fcandaleufes.

Réponfe.

La facrée Congregation a répondu : Qu'elle
ne pouvoit rien dire de fixe ni de certain à
l'égard des propofitions énoncées dans ce fi-
xiéme article, fans avoir eu auparavant une
lumiere & une connoiffance plus étenduë qui
luy feroit neceffaire par rapport aux chofes
qui y font contenuës. Qu'en attendant il faut
donner la commiffion à M. le Patriarche
d'Antioche de ftatuer là-deffus, & de regler,
felon la prudence que Dieu luy a donnée, ce
qu'il jugera le plus convenable à l'integrité
de la Religion Catholique, & au falut des
ames, aprés qu'il aura entendu les Evêques
& les Vicaires Apoftoliques, auffi-bien que
les Miffionnaires les plus éclairez de ces
pays-là.

Queftion fur le feptiéme Article.

On demande s'il faut approuver ce que
M' Maigrot regle dans le VII. Article, dont
voicy la teneur :

Nous recommandons aux Miſſionnaires «
de prendre bien garde qu'aucun des Maiſ- «
tres Chreſtiens qui liſent & expliquent les «
Livres Chinois dans les Ecoles, n'inſpirent «
à ceux qui vont les écouter l'Atheiſme & «
les diverſes Superſtitions dont ces Livres, «
tant dans le Texte que dans leurs Com- «
mentaires, ſont remplis, & de les avertir «
de refuter les erreurs à meſure qu'ils en «
rencontreront ; prenant de-là occaſion «
d'enſeigner avec ſoin à leurs diſciples ce «
que la Religion Chreſtienne nous apprend «
de Dieu, de la creation & du gouverne- «
ment du monde ; comme auſſi de les faire «
ſouvent reſſouvenir de ne rien meſler dans «
leurs écrits, ainſi qu'il arrive aiſément, «
de ce qui eſt tiré des principes de l'Ecole «
des Lettrez, qui ſoit contraire à la Loy «
Chreſtienne. «

Réponſe.

La ſacrée Congregation a répondu : Que
préſuppoſé que les Livres Chinois renfer-
ment l'Atheiſme & differentes ſuperſtitions,
comme il eſt dit dans le Mandement de Mr
l'Evêque de Conon, il étoit non ſeulement utile
& ſalutaire, mais tout-à-fait neceſſaire de
donner l'avertiſſement dont il s'agit dans ce
ſeptiéme article, & que conſéquemment il
le falloit approuver.

Qu'enfin l'on devoit loüer la déclaration
ajoûtée à la fin du Mandement, par où il eſt
dit : Qu'il ne faut pas blâmer les Miſſionnaires qui ont crû devoir ſuivre juſques-là une
autre pratique que celle qui eſt preſcrite dans

le Mandement même ; puifqu'il ne doit pas
paroiftre étonnant que dans une matiere dif-
putée durant tant d'années , où le Saint Siege
a donné cy-devant differentes réponfes felon
les differents expofez qu'on luy avoit faits
des circonftances des chofes , tous les efprits
ne fe foient pas trouvez réunis dans le même
fentiment : & qu'ainfi il faut encore charger
icy , foit M.r le Patriarche d'Antioche , foit
les autres à qui l'on donnera le foin de faire
executer ces Réponfes , d'éviter toute apparence de fuperftition payenne ; & fuivant l'a-
vertiffement de Tertulien , jufqu'au moindre
fouffle qui en pourroit venir de loin : & cependant de mettre à couvert l'honneur & la
reputation des Ouvriers Evangeliques qui tra-
vaillent avec courage & avec foin dans la
vigne du Seigneur ; & qui , avant que les
Queftions dont nous venons de parler fuffent
decidées par la prudence & par la droiture
ordinaire du Saint Siege , ont eu d'autres
fentimens , en forte qu'on ne les faffe pas
paffer pour des fauteurs de l'idolatrie : particulierement ayant declaré , comme ils ont
fait , qu'ils n'avoient jamais permis la pluf-
part des chofes qu'on vient de dire qu'il ne
faut pas permettre aux Chreftiens , & eftant
hors de doute , qu'à préfent que la caufe eft
finie , ils fe foumettront avec l'humilité &
l'obéïffance convenables aux Decifions & aux
Ordres du Saint Siege.

Du Jeudy 20. Novembre 1704.

DAns la Congregation generale de la ſainte & univerſelle Inquiſition Romaine tenuë au Palais Apoſtolique du Mont-Quirinal en préſence de N T. S. Pere Clement, par la divine Providence, Pape XI. du nom, & des Eminentiſſimes & Reverendiſſimes Seigneurs Cardinaux de la ſainte Egliſe Romaine, députez ſpecialement par le S Siege comme Inquiſiteurs Généraux contre l'hereſie dans la toute Republique Chreſtienne.

SA SAINTETE', aprés avoir écouté & pris dans pluſieurs Congregations tenuës devant Elle dés le commencement de ſon Pontificat, le ſentiment des Theologiens & Qualificateurs choiſis par Innocent XII. de ſainte memoire, ſur les Queſtions de la Chine; aprés en avoir auſſi conferé elle-même pluſieurs fois avec MM. les Evêques de Berite & de Roſalie, Vicaires Apoſtoliques dans le même Empire, de préſent à Rome; & enfin aprés avoir entendu tout ce qu'en ont pû ou voulu dire & expoſer les PP. François Noël & Gaſpar Caſtner Procureurs de la Compagnie de Jeſus, Miſſionnaires Apoſtoliques du même Royaume: Elle a confirmé & approuvé les Réponſes qui viennent d'eſtres rapportées, qui avoient eſté beaucoup diſcutées, & meurement examinées dans d'autres Congregations précedentes tenuës ſemblablement en préſence de ſa Sainteté; & Elle a ordonné qu'elles feroient envoyées à Mr Charles-Thomas de Tournon Patriarche d'Antioche, Commiſſaire & Viſiteur Apoſtolique dans le même Royaume de la Chine, & dans les autres Royaumes des Indes Orientales, avec une inſtruction convenable de ce qu'il aura à faire ſur le même ſujet, afin que tant luy que les autres Archevêques & Evêques, ou autres perſonnes qui exercent ou exerceront à l'avenir dans les mêmes lieux la fonction de Viſiteur, de Delegué, ou de Vicaire Apoſtolique, prennent ſoin de faire obſerver avec l'obéïſſance qu'il appartient, ces mêmes Réponſes par tous & chacun des Miſſionnaires qui s'y trouveront alors de quelque Ordre, Religion & Inſtitut qu'ils ſoient, même de la Compagnie de Jeſus, & par tous les Fideles de Jeſus-Chriſt. Cependant Sa Sainteté, pour des cauſes juſtes & raiſonnables dont Elle a eſté touchée, a ſuſpendu tant dans la Ville que dans les autres parties de l'Europe, toute publication & toute *divulgation* des ces Réponſes. Nonobſtant toutes choſes à ce contraires.

JOSEPH BARTHOLUS, Notaire de la ſainte & univerſelle Inquiſition Romaine.

A la place † du Sceau.